NOEMÍ RODRÍGUEZ LARES

APULEYO EDICIONES   FOMENTO DE VALORES   CUENTOS ILUSTRADOS

MAMÁ, PAPÁ, EL AMOR NO DUELE

APULEYO EDICIONES   FOMENTO DE VALORES   CUENTOS ILUSTRADOS

En un pequeño pueblo rodeado de colinas verdes y flores de todos los colores, vivía una niña llamada Luna.

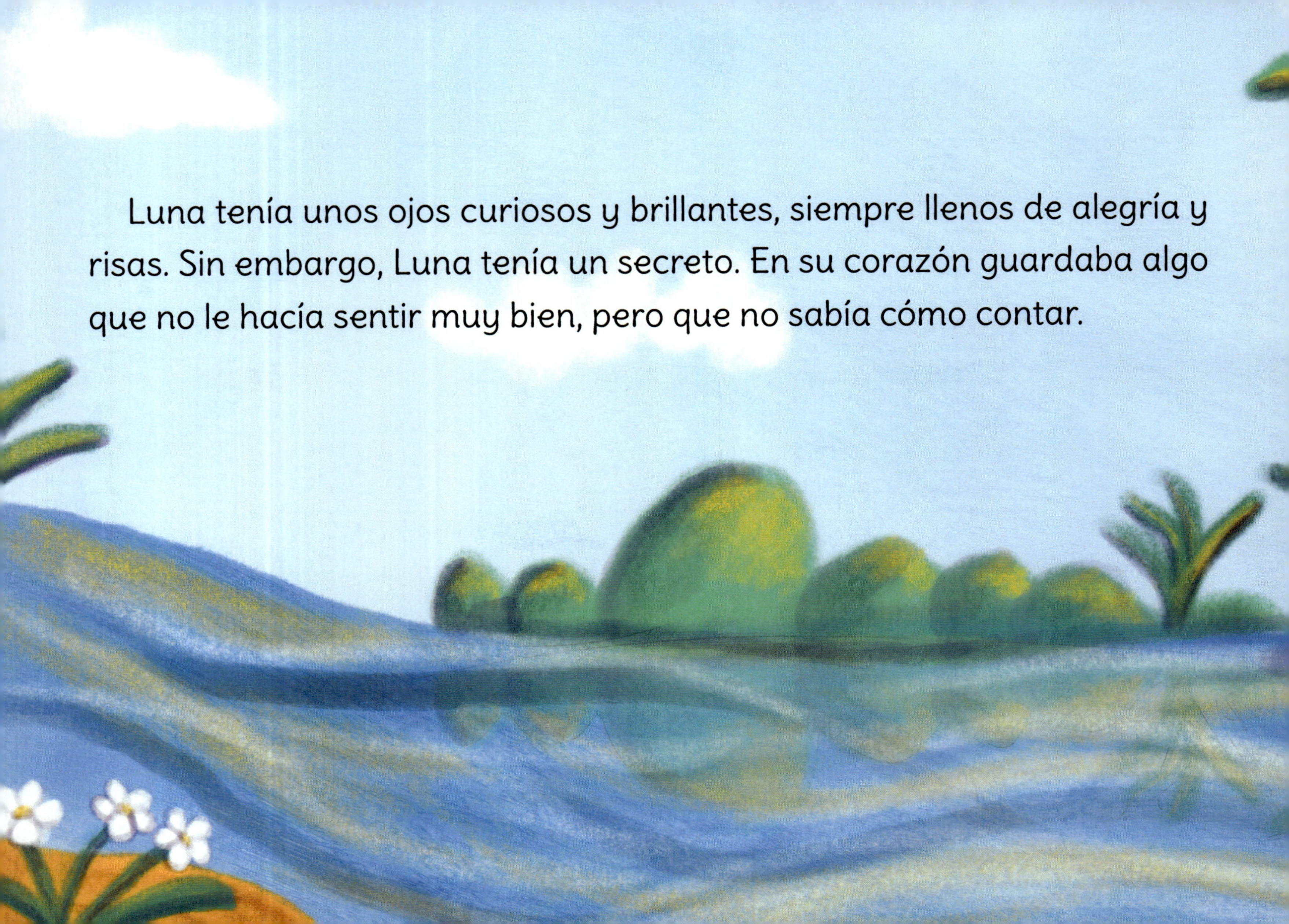

Luna tenía unos ojos curiosos y brillantes, siempre llenos de alegría y risas. Sin embargo, Luna tenía un secreto. En su corazón guardaba algo que no le hacía sentir muy bien, pero que no sabía cómo contar.

Luna notaba que, cuando sus padres discutían tan fuerte, algo se apagaba dentro de ella. Sentía una mezcla de emociones. Sus ojitos se llenaban de lágrimas y su carita se ponía muy triste.

Luna sabía que no podría ocultar lo que sentía mucho tiempo y que aquello que ocurría no estaba bien.

Un día, mientras jugaba en el jardín de casa, escuchó un susurro que venía de las hojas y un destello de luz reveló la presencia de un ser má- gico. Era un hada encantadora llamada Flora.

Flora, con alas brillantes, se acercó a Luna y le dijo con voz suave: "Pequeña, veo que llevas en tu corazón un secreto pesado. ¿Qué te preocupa?".

Luna bajó la cabeza, confío en ella y susurró: "Mis papás discuten mucho, creo que de una manera que no está bien, y me hace sentir muy triste".

Flora, con ternura, le explicó a Luna que, en ocasiones, los adultos también necesitan ayuda para entender sus emociones: "A veces puede ser difícil expresar lo que sentimos. Pero ¿qué tal si encontramos una manera de solucionarlo?".

Entusiasmada, Luna asintió y juntas idearon un plan. "Voy a darte algo especial", dijo Flora mientras le entregaba una varita mágica. "Esta varita te permitirá mostrarles a tus papás lo que sientes y los ayudará a comprender el verdadero significado del amor".

Esa noche, cuando la tensión llenaba la casa de Luna, ella agitó su varita mágica. De repente, el aire se llenó de destellos dorados que bailaban alrededor de sus padres. Cada destello llevaba consigo una pequeña imagen que representaba lo que significaba el amor para Luna.

Apareció la risa compartida mientras jugaban en el parque, una tarde de abrazos cálidos mientras veían una película en el sofá, el día que encontraron un nido de pájaros en el patio trasero, un cielo lleno de estrellas durante ese pícnic que fue tan especial... Luna miró a sus padres y con valentía les dijo: "Mamá, papá, el amor es como estos momentos, pero, cuando peleáis, siento que se desvanecen".

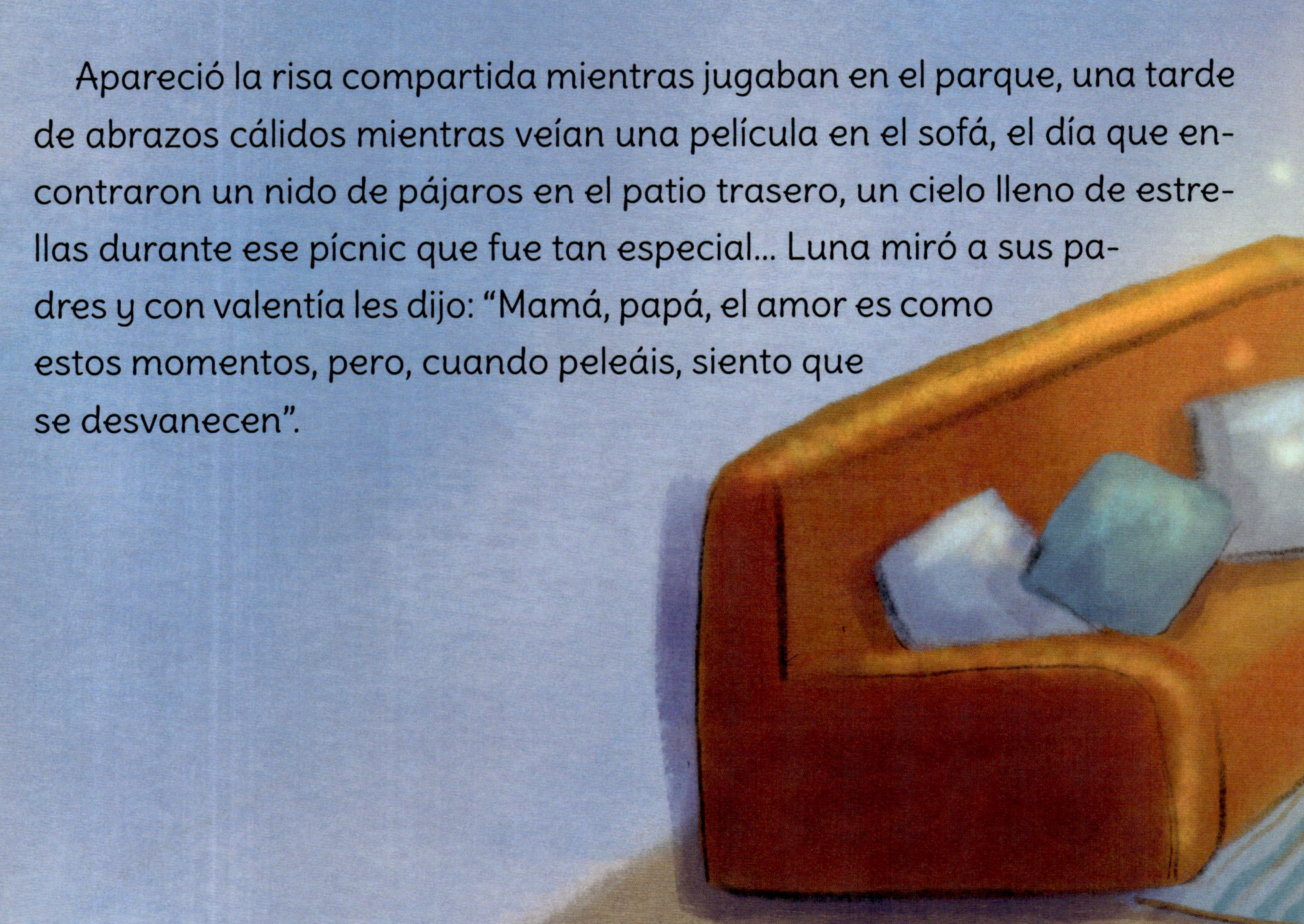

Los padres de Luna, con lágrimas en los ojos, entendieron el mensaje de su hija. Luna, con su varita mágica, había mostrado que el amor no debería doler ni causar tristeza. Así que juntos, decidieron trabajar en su hogar para hacerlo un lugar lleno de comprensión, paciencia y, sobre todo, amor.

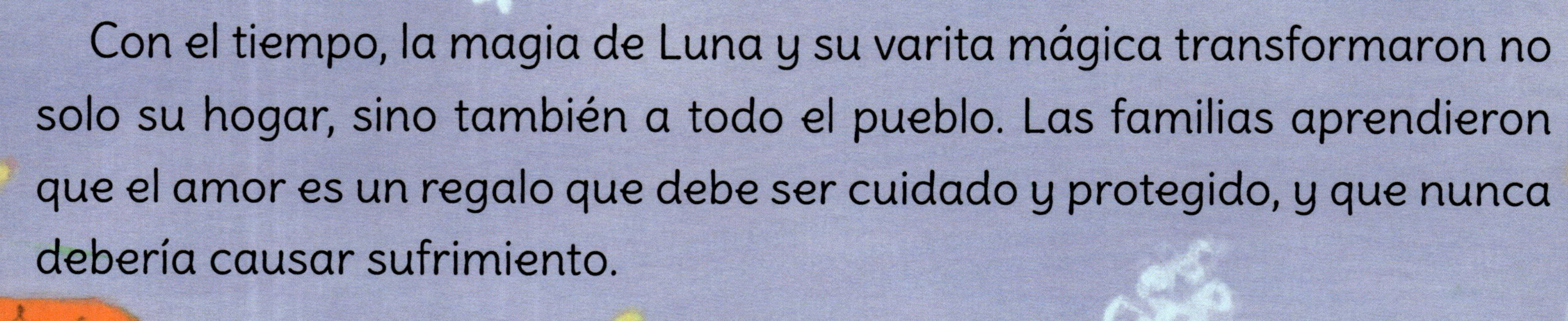

Con el tiempo, la magia de Luna y su varita mágica transformaron no solo su hogar, sino también a todo el pueblo. Las familias aprendieron que el amor es un regalo que debe ser cuidado y protegido, y que nunca debería causar sufrimiento.

Y así, en aquel lugar, donde los rayos del sol seguían acariciando las casas y las flores bailaban con la brisa, la magia del amor verdadero brillaba más fuerte que nunca, guiada por la luz de Luna y la sabiduría de Flora.

© Noemí Rodríguez Lares (de la obra)
©Apuleyo Ediciones (de esta edición)
Primera edición en Apuleyo Ediciones: septiembre 2024
Diseño de cubierta: Ernesto Pérez Martínez
Corrección: Aitor Andreu Guerrero
Maquetación: Sofía Corzo González
Ilustraciones: Romina Camoranesi

Coordinación editorial: Isidoro Cidre González
info@apuleyoediciones.com
www.apuleyoediciones.com
ISBN: 978-84-1060-215-1
Depósito legal: H 206-2024

Hecho e impreso en España.

NOEMÍ RODRÍGUEZ LARES

APULEYO EDICIONES   FOMENTO DE VALORES   CUENTOS ILUSTRADOS

MAMÁ, PAPÁ, EL AMOR NO DUELE

APULEYO EDICIONES   FOMENTO DE VALORES   CUENTOS ILUSTRADOS